DE L'IMPRIMERIE
de PELLETIÉ, rue Françoise,
N.º 3.

L'ORACLE

POUR ET CONTRE

MIL SEPT CENT QUATRE-VINGT-ONZE.

J'ai vu dans la Seine moins de poissons que je n'ai compté de pêcheurs ; et j'ai compté sur les bords de la Seine plus de prédicateurs que je n'ai vu d'auditeurs.

Etteilla.

Novembre 1790.

ORACLES.

Si nous n'écoutons pas la vraie science des Oracles que possédent les sages, nous donnerons aux fols la puissance de nous tromper.

Les Oracles que nous offrons ici, ont été publiés au mois de Novembre 1789.

L'Auteur de ces Oracles, estimé, même dans sa Patrie, ce qui est fort rare, pour le plus grand Devin de l'Europe, s'exprime ainsi, vers la fin de sa période 360.

« *Prends, puise, adapte, ne veux compter,*
» *Ans, mois ni jours, du premier au dernier.* »

On est donc nécessité à croire que ces pronostics sont pour plusieurs années ; et sans être Devin, l'on peut présumer qu'ils sont pour quatre ans, si on s'en rapporte à sa division de 360 par 90 ; ou qu'ils sont pour douze ans, si on s'en rapporte à la division de 360 par 30, nombre que contient juste chaque page.

Ce qu'il y a d'assuré, c'est que l'Auteur dit expressément qu'il ne compte pas ni les ans, ni les mois, ni les jours, et sûrement il sous-entend, en rapport avec ses pronostics.

Il eſt, a écrit l'Auteur, toujours de la vraie science des Oracles, de regarder les pronostics comme des racines d'événement, ou comme des

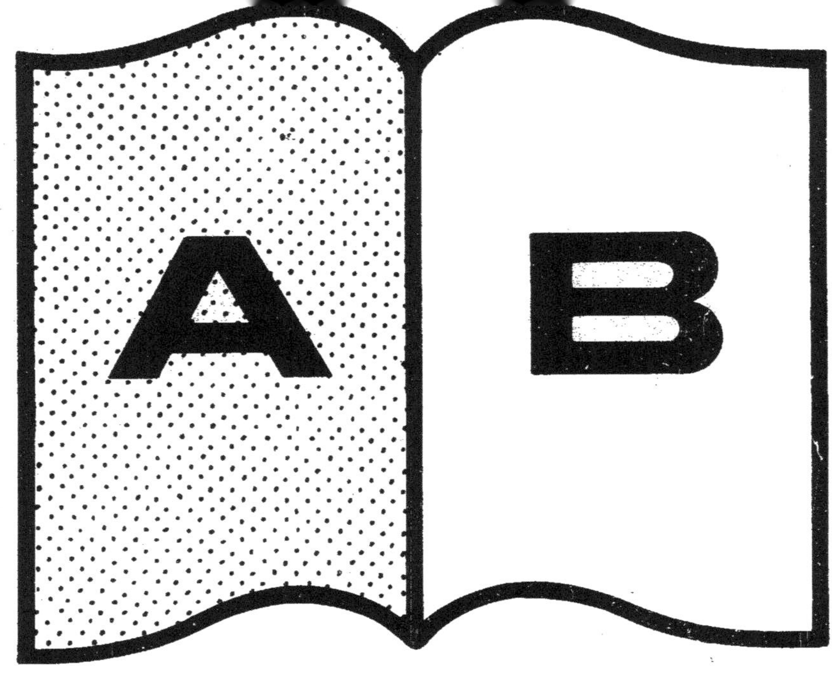

événemens formés, c'est donc la science tantôt des causes & tantôt des effets.

Moins imbécille que ceux qui veulent interpreter les hauts mystères d'une science qu'ils ne possédent pas, nous laissons aux curieux nouvellistes, le soin de souligner les pronostics qui se sont effectués en 1790, et fur et à mesure ceux qui s'effectueront.

Si on objectoit contre notre Auteur surnommé de tous les tems, *Devin de la France;* qu'il eût été plus de la science des Oracles de faire ses pronostics en 69 ou 79, qu'en 89 on ne connoîtroit ni sa réputation dans toute l'Europe, ni ses talens, ni ses ouvrages, bien antérieurs à 89.

Ce que ne peuvent au moins récuser les ignorans qui se donnent pour devins; les prétendus Illuminés qui émeutes les sots, et les Démonographes qui cherchent à les surpasser, est que notre émule de la nature les combat et les terrasse de tous côtés, par la science simple et naturelle des Oracles.

1790

1. Fut bien tems d'y songer,
2. Mais, qui put s'y méprendre,
3. Après avoir tant fait attendre.
4. De l'année on doit espérer,
5. Du froid, du chaud jusqu'au dernier.
6. L'hiver n'est pas trop froid ; le printems ?
7. Au printems, comme l'été inconstant.
8. Grande et fausse nouvelle
9. Qui tout chacun appelle.
10. Ils s'écrivent, et le papier surpris,
11. A un certe donne le démenti.
12. Ce nombre est cercle humain, 12.
13. Et celui-ci le diable en chemin. 13
14. Il y a peu, ils lui ont pardonné,
15. Bien ébahis, sont aujourd'hui troublés.
16. Quelle tranquilité ! de loin est le danger.
17. A peu de terre eau trop mouillée.
18. Grace au tort paroît fort ;
19. Point n'entendez, la grace de l'or.
20. Sans fin, sans commencement ;
21. Ne retournez, qui vient avant.
22. Et aujourd'hui à voir ? est ennemi,
23. Mourra-t-elle ? non, je le crois, ni lui.
24. Il est donc venu ? en automne mieux se voit.
25. Le Peuple moins que la nation s'égare ;
26. Que de feu tombe au pied de tel rempart.
27. La mort d'un décide autrement,
28. En chute, regardez cet enfant.
29. Est un Sujet ; mais qui brave le fort,
30. Va sans mot dire, raison et tort.

31. Haut tête levée, pour y songer.
32. Fana, fana, oh! fanatisme.
33. Coquin, arrange son troisième crime.
34. Commis, derniers coups sont portés;
35. Emporte, maraud, jusqu'au papier.
36. La racine est du jour,
37. Mais en l'an est son tour.
38. En grande ville et château,
39. Et en secret s'apprêtent les boureaux.
40. Vois, qu'est fils de cocu,
41. Députe sans vertus.
42. Bon; quoi! est-il possible?
43. Il meurt; oh mort terrible!
44. Encore accapareur.
45. Les événemens sont. *Illumineurs*,
46. Jusqu'à midi; le soir est nuit;
47. Et du matin bien noir, gris,
48. La figure est ainsi. —. —.
49. Ces deux fripons sont pourtant pris.
50. Par trop rapidement.
51. Oh! le cagot, ne veut de regorgement.
52. Toujours change, peu, mais sérénité.
53. D'un mois à l'autre se peut outrer.
54. Ce jour, un cercle de fer,
55. En deux est resssoudé par *Pierre*.
56. Quand je vous l'avois dit,
57. Ah! bon dieu, sauvez donc le fils.
58. Mort ou mourir..... vivre.
59. De l'or merveille la menterie avérée.
60. Mars est moins 38 le premier.

61. Est compté . . . .
62. Ils répondront ? ils s'en sont bien chargés.
63. Au loin, n'est pas racommodé,
64. Et pourquoi pas ? homme écervelé,
65. Besoin humain n'est-il pas le premier.
66. On entend *Pan*, déja se compte argent.
67. Et Cribouillé y vend aussi son temps.
68. Tout est changé, humain !
69. Folie, foiblesse, que ferons-nous demain ?
70. Ah ! par pitié, il n'en eût pas été.
71. Qu'importe le temps, le bled....
72. Grand coup d'adresse ; médaille.
73. Du papier pour de la féraille.
74. Avorton-né, mère éplorée.
75. Et le brigand tout mutilé.
76. Est bon le jour pour un autre changé.
77. Arrive encore par autres courriers.
78. Le pauvre rumine, l'impôt chagrine
79. Sur la chair, le vin, la farine.
80. Feu, rapt et viol, ne craignez rien.
81. Perclu en terre est son chemin.
82. Le fier, à bon escient,
83. Brise la porte à l'indigent.
84. Ma foi, les bons veulent compter.
85. Le tout, trop cher, se voit à l'ouvrier.
86. Tous disent haut, bien,
87. Encore un mal vaut 80.
88. Trois, de loterie, piétié et papier faux,
89. En ce beau jour la racine du zéro.
90. Rien ne me dicte, j'ai dit, les maux.

1. De *saints enfumée*, appelle d'autres loix.
2. Et tous vont grondant de soi à soi.
3. Lors ce jour sera fleuri,
4. Encore femelle qui suit.
5. On s'entend et nous vient le mystère,
6. Du père, du frère et de la mère.
7. Paix, au moins recommandez;
8. Ce jour, coupé par moitié.
9. De *voyage* en *voyage*,
10. Escroc se prend dans un treillage.
11. Au *jour* un grand est plus humain.
12. Nature empêche qui se plonge en chemin.
13. Le sort fatal, et la nouvelle obscure.
14. Nouvelle secte donne de la tablature.
15. Enrichi le plus fin,
16. Dans le pays du simple et du malin.
17. En un jour tout ne se peut bien dire.
18. Par la presse le vice se retire.
19. Peu de joie il en est.
20. Qu'avoit tort il le voit.
21. De talisman en un char tout doré.
22. Nombre qui nombre, est compté.
23. De loin appelle, le foible rebelle.
24. Plus d'autres, se brûle à la chandelle.
25. Ab-hoc, ab-hac.
26. Gagne pour perdre à son trictrac.
27. Sauve qui peut,
28. Au jour l'ombre en jeu.
29. A rang harangue.
30 En armée, germe, tourne vangle.

31. Sart ine pte, voleur fugitif;
32. Pleurant, à grin et à grif cive.
33. Nior pra. *Illec* le vautour.
34. Bravons, à der ou arde,
35. Nouvelle en somme, et la bâtarde.
36. Peintre, vieux, crosme.
37. Aurore, abeille, miche, homme.
38. Sancta, de joyeuse gaité.
39. Encore est beau brièveté.
40. Passions aveugles, brutalerie.
41. Autre est, abreuverie.
42. Ferme passage, brav. hoc,
43. Vergine son nom de Roc.
44. Tu vois de *Emor* le visage,
45. Encore 7, le vrai ravage.
46. Science? au centre,
47. A droite et entre.
48. Passé ce jour compte quatorze;
49. Galimathias, J. D. de torze.
50. Oh! neutre et non feutre;
51. Que ferez-vous à terre angle? feudre.
52. De l'insensé, rime ni vers.
53. Du haut en bas, ciel couvert.
54. Paille et gerbé, brouillard.
55. Le goût? viande en charniard.
56. Qui s'en doutoit? venu et pris.
57. Remonte. Le laron surpris!
58. Autre; pir pour sur nom.
59. Faux traits, deux sont.
60. La vérité découvre la trahison.

61. D'où ce coup vient ? noir, race impure,
62. Fils exécrable, enfant hors de nature.
63 L'innocent est jugé.....
64. Vous frères, point ne vous haïssez.
65. Amis, beaucoup sont unis ;
66. Ce fait gémir, au partage inoui.
67. Prière réglées, latin est condamnés.
68. Seroit le jour de 20 sur cent gardés.
69. Brefs, impôts ne sont plus sur denrés.
70. Amour patriotique, en vers s'offre ;
71. Liberté est criée, et ce jour point n'offre.
72. Depuis long-temps gager ; honneur !
73. Un quart de Richards, cessant d'être voleurs.
74. Députés envoyés, et puis brave, écriture.
75. La grande eau partagée, amiral en peinture.
76. La nouvelle maison, bien juste arrêtée,
77. Gens notables y logeront, la bêtise expulsée;
78. Haute sera comme est,
79. Et puni les Blanchets.
80. Par oubli, sera le plus certain.
81. Bien pünit en habit et maintien.
82. De saillevers la chagrine,
83. Le jour perdu de prospérine.
84. Le Bijou retaillé.
85. Corps qui par trop veut empiétrer.
86. Quelle merveille ! et de bouche et d'écrit,
87. Un seul nous prouve mille choses à l'oubli,
88. Voir un trésor, aussi ennemis battus.
89. Le temps couroux et sus folle la vertu.
90. A 9 ; commis la terre faut labourer.

1. Des deux rivales alliances,
2. Le pas n'eſt pas en redevance.
3. Papier pour mentir est payé.
4. De miché le pronostique est affiché.
5. Un bien méchant est suicide,
6. Et grâce n'eſt plus, à un *fils* parricide.
7. Sur eux la foudre, ville gagnée.
8. Mauvais parens et froids amis.
9. Tout va en bien? regorgent aussi.
10. Motion encore réanimer,
11. Cent pillards s'offre de payer.
12. D'autre plaideur contre signature,
13. Pour eux pour noir reste l'injure.
14. Coule le tems, le plis se prend.
15. Vertueux devenu le méchant.
16. Par feu vorace, est la chose incendiée.
17. La forme au diable, sera bon de crier.
18. Un secrétaire au vieux régime,
19. Moudant le grain, vole la farine.
20. Froid au grand chaud fait gagner la Patrie.
21. Pour bien venir, abjuration finit en i.
22. Un signe de conjuré vu par séparation,
23. Si est taillé, met le feu aux tiſons.
24. La preſſe encore remise sur le tapis.
25. Par coup d'ignares, nouvelle qui tous étonne.
26. La paix donnée, le chef à la bare près de somme.
27. Autre, plusieurs vont à leur tombe.
28. Et autre, plusieurs élevent un héca tombe.
29. Liberté est une, le citoyen s'écrie.
30. A zéro de grands Saints réduits.

31. Tête montée, en ce mois n'eſt pas le dernier.
32. Petits encore se prêtent pour se manger.
33. Barrière au diable, se vaut mieux travailler;
34. Jamais amour pour qui veut égorger.
35. Pain, vin, viande, œufs, beurre,
36. Légumes & tout ce qu'à la vie demeure,
37. Avant midi, eſt accordé,
38. Sur chaque bien récupéré.
39. En la Nation belle est à voir,
40. La femme qui juste fait son devoir.
41. Sage quand la folie sert d'apui,
42. La faute est faite par étourderie.
43. Il se voit bien d'où le bien vient.
44. Pourquoi grace à ce cerberin?
45. Outremer; paix, la mort a-t-elle eu tort?
46. Ici est décrété, le beau tems entre à ſon autore.
47. Caisson plein d'or, impolitique prouvées.
48. Par toi, science, le bonheur est semé,
49. Parle et recueille; autre est du jour.
50. Du papier tu vois le retour.
51. Toutes ces parts de gâteaux agitent,
52. En l'heure qui ſonne crains la visite.
53. Diane revenue n'en dit pas plus.
54. Orgueuil est preuve d'ignorance,
55. Demain l'infidèle vole la France.
56. Hier n'eſt pas paſſé, jusqu'à midi.
57. Toujours plus grande se voit le plus petit.
58. O! *Ludovic*, aimant, aimé,
59. Le Ciel et la Patrie ne t'ont point abusé,
60. De La tone et Cérès, courones sont à tes pieds.

61. En ce jour, brigue, insatiable et cupide,
62. Anarch est réprouvé. Fer tenant l'homicide.
63. Encore au fanatisme? se voit joint la prudence.
64. Toujours l'hme en espoir prouve son ignorance.
65. Ils vont encore se tuer; l'horrible sacrilége!
66. Unissez-vous..... sur les tyrans réveches.
67. Abatez, abatez; eh! quoi? vous élevez.
68. Trois se liguent, un contre sont attérés.
69. Du pain, encore du pain; Ciel, vous le voyez.
70. Démocrite, Héraclite, 11, foiblesse humaine.
71. Commis, tremblez, commis,
72. Cent et cent occis;
73. Du fort par le revers,
74. Allez, écho, instruire l'Univers.
75. Qu'avois-je dit, tout en somme, inhumain.
76. Tous frères, un seul en mille, ne le sont point.
77. Beau tems, faux prophete assuré,
78. Du Vainaisin la ligue hébêtée.
79. De tout ailleurs est dernière pitié.
80. O merveilleux! enfin tout est signé.
81. Est en sept jours bien des masques tombés.
82. Eh bien, encore, ne me croirez-vous pas?
83. Oh! mépris, qui tache le vainqueur,
84. Pour qui? sur qui? eût-il jamais d'honneur?
85. Quel débordement! s.... cadavereux.
86. La grande rédaction, et puis vient ténébreux.
87. Quand tout sera rangé? en ces deux jours,
88. Les mêmes montans, détruiront tout secours.
89. Belle est bien la journée.
90. Il est piteux de caimender.

1. Vas valet, ne soit pas impudent,
2. Et toi esclave, reste sous tes tyrans.
3. Quel passage plus haut. Autre faux zèle.
4. Un hypocrite, la copie fut Cromwel.
5. Trouble et troupe de parens.
6. En petit cercle, le Blondin important.
7. Faux bruit, le méchant trop appuie,
8. Robe se rétale, à bas souris.
6. Ecrivain, écrivez, un frère! comble d'horreur.
10. Comble et férocité; bientôt.... il meurt.
11. Peu de bien, beaucoup de mal, quel métier!
12. Seconde fois odeur pestiférée.
13. Quel chemin demande-tu?
14. Sourd muet et aveugle... superflu.
15. Cent fois voulant jurer, la dame a pic.
16. Grand pays partagé, le plus grand est repic.
17. Hyan, hyan, au moulin le licol,
18. Vieilles loix, protocole.
19. La langue est étrangere.
20. Plus que village, moitié se voit dans l'air.
21. En tout mauvais et le sol propre,
22. Racine de mars, au loing d'Europe
23. Guerre, ne ris point, désertion
24. Et les payeurs battus vaudront.
25. A bon port, accapareurs, petits morceaux.
26. Que dites-vous, Paris, Lyon et Bordeaux.
27. Lors la Gliniere au clin, la note certaine,
28. Le grand fuyant par sous basse terne.
29. Cinq cents francs, mille écus.
30. Au plus haut prix du bien l'abus.

31. Qui tue, digne de mort, la dame va au sort.
32. Province au pillage et contre autre le discord.
33. Sans rime ni raison, mauvais jours est la peste.
34. Impudemment se couvre de ses folles agrestes.
35. Le conseil assemblé, peu et just ne seront.
36. Papier perdu découvre la trahison.
37. Sous autre forme, despotisme avéré.
38. Bourse, coffre et grand or, par pauvre déterré.
39. Les quinze-vingts en ce jour exhumés.
40. Fête est fatale, défenseur outragé.
41. Au loin et près en terre tout proche,
42. Le jugement sur son des cloches.
43. Couleur de tout, remarque est en bas.
44. Par l'an 8 cent, l'unique, seul fera.
45. Nul n'est à Guise résidant.
46. Pour vérité est le plus jeune enfant.
47. Simplicité à découvert, la liberté fin aura.
48. Dans le grand mal, le grand bien regermera.
49. Est *imprévu*, à tout moment passé,
50. Après le temps est encore oublié.
51. Le vieux régime, du noir au blanc.
52. L'égalité est signée par le sang.
53. Pince deniers, gripe-sous & vole écus,
54. En la forêt se voyent les pieds dessus.
55. Perte, fait nouveau ; et obstiné.
56. Infâmes tripots conduits par un abbé.
57. Impôts nuls, loyal est sentiment.
58. Ferme, régie, privilèges, dern^rs^ coups frapans.
59. Beaujeu par Vendôme fut conduit au suplice.
60. Le contre arrive avec moins d'injustice.

61. Du noir tout mal, la couleur quitte,
62. Nul en costume où la raison habite.
63. A vendre chaire à prêcher,
64. De Calvin et Luther pour tous les révélés.
65. A chacun tour; de la chaumière.
66. Est en triomphe amené Bélisaire.
67. Deuil, est le plus grand dernier.
68. Sur dix sont neuf prisons brisées.
69. En école maîtres trop ignorans.
70. Le peuple déchire un Arrêt mal portant.
71. Trop de secret, seroit mieux parler haut.
72. Nouveau spectacle, se voit sur un tombeau.
73. Pas un écu, projet, l'étranger regarde.
74. Demi contre la demi, en garde
75. Aristocratie et anarchie,
76. Contre l'un et l'autre, le citoyen se lie.
77. Autre temps, autre lieu et le fripon combine.
78. Est grand d'Etat par cent du vieux régime.
79. L'ouvrier sans impôts ci finit ses angoises.
80. La femme du marché jouant moins la duchese
81. En ville troupes non soldées
82. Chaque citoyen répond de son quartier.
83. La ville et la cour sont mêlées
84. Noble est, et la noblesse non usité.
85. Plus que zéro, se voit en la journée :
86. Prends, puise, adapte, ne veut compter,
87. Ans, mois ni jours, du premier au dernier.
88. Point nécessaire que mal en suive,
89. Du pronostic le gare arrive.
90. A DIEU, tout par-dessus..... ETTEILLA.

L'ORAGE

DE VINGT-CINQ ANS, PASSÉ,

OU

LA TYRANNIE AUX ABOIS ;

Couplets allégoriques, dédiés aux amis de la Paix et du bonheur du Genre Humain (nec plus ultrà).

AIR *des Visitandines*.

Une tempête furieuse
Désolait nos riches climats ;
Toujours de plus en plus affreuse,
Chacun redoutait ses éclats (*bis*) :
Tout frémissait dans la Nature,
L'Univers devait s'écrouler.....;
Pour sortir du commun danger,
Il n'était plus de route sûre (*bis*)......

www.ingramcontent.com/pod-product-compliance
Ingram Content Group UK Ltd.
Pitfield, Milton Keynes, MK11 3LW, UK
UKHW021041200726
13857UKWH00005B/1854

9 782011 941060